Droit Pénal

International

LA COUR PENALE

INTERNATIONALE

TABLE DES MATIERES

INTRODUCTION

Depuis tout temps, les horreurs de la guerre et les lourds bilans humains qui en découlaient, a laissé passif l'opinion publique au niveau international. Passivité se manifestant par un laissé faire face aux évènements tragiques, et pour la plupart du temps inhumain ayant touché notre patène à une ou plusieurs période de l'existence humaine.

En effet, les infractions, surtout les crimes, commis à l'échelle mondiale ne faisaient aucunement l'objet d'une condamnation. Aucun traitement pénal de la question n'existait auparavant. Laissant ainsi les auteurs des délits et des crimes commis à l'échelle internationale, à l'abri de toutes poursuites pénales. Néanmoins, les horreurs de la seconde guerre mondiale, qui a fait plus de cinquante millions de morts, ont secoué la communauté et surtout l'opinion publique mondiale. Ce qui a permis d'envisager une répression internationale des crimes de guerre. Conduisant ainsi à la mise en place respective des tribunaux militaires internationaux siégeant à Nuremberg et siégeant à Tokyo, destinés à juger les criminels de guerre à l'époque. Les limites de ces tribunaux internationaux, se manifestaient dans le fait qu'ils étaient avant temporaire et qu'ensuite qu'ils étaient pas trop des exemples d'impartialité. Car c'était avant tout une justice des pays vainqueurs de la guerre, qui éprouvaient la nécessité d'une vengeance encadrée par la justice.

L'initiative de la mise en place d'une cour pénale permanente, a émergé dans les années quatre vingt dix. Les horreurs et les atrocités des guerres en ex-Yougoslavie et les actes de génocide perpétrés au Rwanda, à l'époque ont choqué la communauté internationale, restée passive face à la situation. Ce qui a donc conduit à l'adoption du statut de Rome en 2002, mettant en place la Cour Pénale Internationale. La vision d'un Tribunal répressif apte à juger les crimes ayant un caractère international ou national mais d'une certaine gravité, s'est donc concrétisé au début des années 2000. Néanmoins, l'existence d'une telle instance internationale pour juger des crimes commis à grande échelle, concourt-elle vraiment à l'endiguement de ces actes ? Pour répondre à cette question, il serait nécessaire de voir en premier lieu, les spécificités de la Cour Pénale Internationale (I) avant de voir en second lieu, ses domaines de compétence et ses limites (II).

I- LES SPECIFICITES DE LA COUR PENALE INTERNATIONALE

Connaître des spécificités de la cour pénale internationale, implique en premier lieu de faire une analyse de sa composition, ce impliquera également de voir en détail son organisation interne (A), avant de voir en second lieu le personnel judiciaire et administratif qui la compose (B).

A- Organisation interne de la CPI

La CPI étant une juridiction, il paraît assez logique qu'il y ait une certaine ressemble aux instances judiciaires au niveau interne. En effet, on remarque une certaine similarité au niveau de la CPI, et les juridictions de Droit interne. C'est ainsi qu'elle est divisé en trois chambres, à savoir : la chambre préliminaire (a), la chambre de première instance (b), et la chambre d'appel (c).

1- La chambre préliminaire

Comme toute juridiction pénale, la CPI connaît d'une branche préliminaire en charge des enquêtes avant la phase de jugement à proprement dite. Elle est régie par les articles 56, 57 et 58 du protocole de Rome de 2002. La chambre préliminaire est une sorte de juridiction d'instruction en charge de diriger les enquêtes et l'instruction des crimes qui relève de sa compétence.

En effet elle a un rôle à jouer depuis la phase précédant l'ouverture d'une enquête jusqu'à la confirmation des charges pour le renvoi en jugement devant une Chambre de première instance.

A cet effet, elle doit assurer la protection et le respect de la vie privée des victimes et des témoins, la préservation des preuves, la protection des personnes qui ont été arrêtées ou ont comparu sur citation, ainsi que la protection des renseignements touchant la sécurité nationale.

C'est-à-dire qu'elle doit assurer par tout moyens, tendant à la bonne marche de cette phase d'enquête. Car elle doit non seulement assurer la protection des témoins et des personnes appelés à comparaître, mais aussi conserver les éléments de preuves nécessaire à la bonne marche de l'enquête et plus forte raison à l'instance en général.

La chambre préliminaire étant une véritable juridiction d'instruction, elle a vocation à rendre des ordonnances et délivrer des mandats d'arrêt qui peuvent être nécessaires à l'enquête. C'est ainsi, qu'à tout moment après l'ouverture d'une enquête, la Chambre préliminaire délivre, sur requête du Procureur, un mandat d'arrêt contre une personne si, après examen de la requête et des éléments de preuve ou autres renseignements fournis par le Procureur, elle est convaincue:

> a) Qu'il y a des motifs raisonnables de croire que cette personne a commis uncrime relevant de la compétence de la Cour ; et

b) Que l'arrestation de cette personne apparaît nécessaire pour garantir :

i) Que la personne comparaîtra ;

ii) Qu'elle ne fera pas obstacle à l'enquête ou à la procédure devant la Cour, ni n'en compromettra le déroulement ; ou

iii) Le cas échéant, qu'elle ne poursuivra pas l'exécution du crime dont il s'agit ou d'un crime connexe relevant de la compétence de la Cour et se produisant dans les mêmes circonstances[1].

Le procureur de la CPI étant certes indépendant, une grande majorité de ses pouvoirs, découlent principalement de la chambre préliminaire. Car c'est cette dernière

---

1 Article 58 du Statut de Rome, entré en vigueur le 1er juillet 2002

qui autorise le procureur à prendre certaines mesures d'enquêtes sur le territoire d'un Etat partie au protocole de Rome[2].

2- <u>La chambre de première instance</u>

Comme dans toutes organisations juridictionnelles répressives, surtout au niveau national, la CPI dispose en son sein d'une juridiction de jugement, qui connaît en premier ressort des infractions qui sont de la compétence de la cour. C'est ainsi qu'il existe au sein de la CPI une chambre de première instance, qui est une juridiction de première instance en charge de juger les affaires qui lui sont communiquées, après la phase préliminaire.

2 Article 57-3-d du protocole de Rome

En effet, Lorsque des mandats d'arrêt ont été émis, des individus arrêtés et que les charges ont été confirmées par une Chambre préliminaire, la Présidence constitue une Chambre de première instance, composée de trois juges, afin de juger l'affaire.

Une Chambre de première instance a pour fonction principale de veiller à ce que le procès soit conduit de façon équitable et avec diligence, dans le plein respect des droits de l'accusé et en tenant dûment compte de la nécessité d'assurer la protection des victimes et des témoins. Elle statue également sur la participation des victimes au stade du procès.

La Chambre de première instance détermine si la personne accusée est innocente ou coupable des chefs d'accusation et peut prononcer, si cette dernière est jugée coupable, soit une peine d'emprisonnement à temps qui ne peut excéder trente ans soit une peine d'emprisonnement à perpétuité. Des sanctions d'ordre financier peuvent également être imposées. Ainsi la Chambre de première instance peut-elle donner à une personne condamnée de réparer le préjudice subi par les victimes, notamment sous la forme d'une indemnisation, d'une restitution ou d'une réhabilitation[3].

3- La chambre d'appel

Le droit de la défense étant un droit universel reconnu par la déclaration universelle des droits de l'homme de 1947, il paraît assez normal qu'au cours d'un procès pénal, il soit reconnu au prévenu ou l'accusé la faculté de

---

3 Mieux comprendre la cour pénale internationale, page 10

prouver son innocence. C'est ainsi, que des voies de recours juridictionnelles, sont reconnu à l'accusé ; lui permettant de rejuger une deuxième fois en Droit et fait l'affaire ayant déjà fait l'objet d'une décision en première instance. Tel ainsi le rôle de la cour d'appel, statuant sur les appels interjetés contre les décisions rendues en première instance. Donc étant donné que la composition de la CPI est fortement inspirée des juridictions répressives de Droit nationaux, il est assez normal qu'elle comprenne une chambre d'appel.

La Chambre d'appel se compose du Président de la Cour et de quatre autres juges. Toutes les parties au procès peuvent faire appel, ou demander à pouvoir faire appel, des décisions des Chambres préliminaires et des

Chambres de première instance. La Chambre d'appel peut confirmer, annuler ou modifier les décisions, y compris les décisions de jugement ou de fixation de la peine, ou encore ordonner un nouveau procès devant une autre Chambre de première instance. Elle peut aussi réviser la décision définitive sur la culpabilité ou la peine.

B- Le personnel judiciaire et administratif de la CPI

En effet, les taches au niveau de la CPI sont biens distincts, selon qu'elles soient d'ordre judiciaire ou d'ordre administratif. C'est ainsi que la cour est composé distinctement de deux types de personnels, à savoir le personnel judiciaire (a) et le personnel administratif (b).

1- Le personnel judiciaire

Le personnel judiciaire est surtout composé par les juges répartis dans les différentes chambres et section de la cour. C'est ainsi que dix huit (18) juges sont répartis entre la présidence et les trois chambres composant la CPI.

⏲ La présidence

Elle est composée de trois juges dont un Président et deux vice-présidents, qui sont élus à la majorité absolue des 18 juges de la Cour. Ces juges exercent pour un mandat d'une durée de trois ans, renouvelable une fois. La Présidence est chargée de l'administration de la Cour, à l'exception du Bureau du Procureur. Elle représente la Cour vis-à-vis de l'extérieur et participe à l'organisation du travail des juges. La Présidence assume également d'autres tâches, et veille notamment à ce que les peines décidées à l'encontre des personnes reconnues coupables par la Cour soient exécutées.

⊘ Les différentes chambres de la cour

Les 18 juges, et parmi eux les trois juges de la Présidence, sont répartis entre les trois sections judiciaires au niveau de la Cour.

La section préliminaire est composée de six juges au moins, tout comme la section de première instance qui comprend le même nombre de juges. Tandis que la section d'appel est composée de cinq juges.

Ces juges sont affectés à des Chambres, qui sont entre autres les Chambres préliminaires (composées soit d'un juge soit de trois juges chacune), les Chambres de première instance (composée de trois juges chacune) et la

Chambre d'appel (composée des cinq juges de la section).

⏰ L'élection des juges

Les juges sont élus par l'Assemblée des Etats parties. Ces juges en question doivent jouir d'une haute considération morale, être connues pour leur impartialité et leur intégrité et réunissant les conditions requises dans leurs États respectifs pour l'exercice des plus hautes fonctions judiciaires.

Hormis les conditions de moralité et d'honorabilité que doivent présenter les juges de la CPI, leur élection doit également se faire sur la base de leur compétence reconnue en droit pénal et en procédure pénale ou dans des domaines pertinents du droit international, tels que le droit international humanitaire et les droits de l'Homme. Ils doivent avoir une connaissance approfondie de certaines questions spécifiques, comme les violences exercées contre les femmes ou les enfants.

L'élection des juges tient compte de la nécessité d'assurer la représentation des principaux systèmes juridiques du monde, une représentation équitable des hommes et des femmes et une répartition géographique équitable.

⏲ Le cas spécifique du procureur de la CPI

Au sein de la CPI, il existe un bureau du procureur, à la tête du quel se trouve un procureur et un procureur adjoint. Le Bureau du Procureur est en charge des enquêtes et des poursuites au sujet des crimes relevant de la compétence de la Cour. Il reçoit et analyse les informations sur les situations ou les crimes de la compétence de la Cour qui auraient été commis. Il analyse également les situations qui lui sont déférées, afin de déterminer s'il existe une base raisonnable pour ouvrir une enquête sur un crime de génocide, des crimes contre l'humanité, des crimes de guerre ou un crime d'agression, et de traduire les auteurs de ces crimes devant la Cour. Le Procureur vérifie le sérieux des renseignements reçus.

À cette fin, il peut rechercher des renseignements supplémentaires auprès d'États, d'organes de l'Organisation des Nations-Unies, d'organisations intergouvernementales et non gouvernementales, ou d'autres sources dignes de foi qu'il juge appropriées, et recueillir des dépositions écrites ou orales au siège de la Cour[4].

Le bureau du procureur de la CPI est organisé en trois divisions, à savoir :

(a)   La Division des enquêtes, qui est chargée de la conduite des enquêtes, tâche qui inclut le rassemblement et l'examen d'éléments de preuve ainsi que l'audition des personnes faisant l'objet d'une enquête, des victimes et des témoins. À ce titre, le Statut impose au Procureur, pour établir la vérité, d'enquêter tant à charge qu'à décharge.

(b)   La Division des poursuites, qui a pour mission essentielle de soumettre les affaires aux différentes Chambres de la Cour.

---

4 Article 15-2, du protocole de Rome de 2002

(b) La Division de la compétence, de la complémentarité et de la coopération ; analyse avec le concours de la Division des enquêtes, les informations reçues et les situations déférées à la Cour, procède à l'analyse de la recevabilité des situations et des affaires, et veille à ce que le Bureau bénéficie de la coopération que requiert son activité[5].

---

5 Mieux comprendre la cour pénale internationale, page 11

2- Le personnel administratif

Le personnel administratif de la cour est en charge des aspects non judiciaires de l'administration et du service de la Cour. Elle fournit un soutien administratif aux organes de la Cour, tant au siège que sur le terrain. Le personnel administratif de la CPI est principalement concentré au niveau du Greffe de la cour.

En effet, Le Greffe aide la Cour à mener des procès équitables, impartiaux et publics. Sa principale mission est de fournir une assistance administrative et opérationnelle aux Chambres ainsi qu'au Bureau du Procureur. Il veille à ce que la Cour dispose de l'ensemble des services administratifs dont elle a besoin et il met au point des mécanismes efficaces d'aide aux victimes, aux témoins et à la Défense, afin de garantir, conformément au Statut et au Règlement de procédure et de preuve, les droits qui sont les leurs[6].

⏰ Le Greffe

Le Greffe est dirigé par le Greffier, qui est le responsable principal de l'administration de la Cour. Le Greffier exerce ses fonctions sous l'autorité du Président de la Cour. Le Greffe comporte également un Greffier adjoint, qui avec le Greffier, doivent être des personnes d'une haute moralité et d'une grande compétence, ayant une excellente connaissance et une pratique courante d'au moins une des langues de travail de la Cour.

Le Greffier est élu pour cinq ans, est rééligible une fois et exerce ses fonctions à plein temps.

---

6 Mieux comprendre la cour pénale internationale, page 11

Le Greffier adjoint est élu pour cinq ans ou pour un mandat plus court, selon ce qui peut être décidé à la majorité absolue des juges ; il est appelé à exercer ses fonctions selon les exigences du service.

En ce qui concerne les autres membres du Greffe, leur nomination relève expressément de la compétence du Greffier. Car ce dernier, en accord avec la Présidence et le Procureur, propose le Statut du personnel, qui comprend les conditions de nomination, de rémunération et de cessation de fonctions. Le Statut du personnel est approuvé par l'Assemblée des États Parties. Lorsqu'il recrute le personnel, le Greffier veille à s'assurer les services de personnes possédant les plus hautes qualités d'efficacité, de compétence et d'intégrité, que nécessite la cour.

⏰ Les organes d'aides aux victimes

Le statut de Rome a prévu au sein de la CPI, des organes d'aides aux victimes qui sont sous l'administration du Greffe. Ces mécanismes permettent aux victimes de crimes de guerre, de crimes contre l'humanité et de génocide, de participer à la procédure, mais de surtout demander réparation.

Trois organismes interviennent à cet effet, sous l'administration du Greffe de la cour. Il y a en premier lieu, la section de la participation et des réparations, qui traite des demandes de participation et de réparations formulées par les victimes. Elle aide à organiser la représentation juridique des victimes, les avises de l'évolution de l'affaire et faire connaître les procédures pour leur information. En second lieu, il y a l'unité d'aide aux témoins et aux victimes, qui fournit des services d'organisation, de protection et de sécurité, ainsi qu'un soutien psychologique, aux témoins et aux victimes comparaissant devant la cour et à d'autres personnes courant un risque du fait de leur témoignage. En dernier lieu, le Bureau du conseil public pour les victimes appuie les représentants légaux des victimes et les victimes mêmes en leur offrant, par exemple, des services de recherche et des conseils. Les membres de ce bureau peuvent également être nommés représentants légaux bénévoles des victimes.

À cet effet, l'article 79 du protocole de Rome prévoit un fonds au profit des victimes Ce fond est établi indépendamment de la CPI et ne peut servir uniquement, que dans les situations où cette dernière a compétence. Il a été créé sur décision de l'Assemblée des États Parties, au profit des victimes de crimes relevant de la compétence de la Cour et de leurs familles. En effet, ce fonds sert essentiellement qu'à la défense des victimes, ainsi qu'au financement et à la réalisation de projets en leur faveur. Il permet également d'offrir des outils, une aide et une expertise aux victimes de crimes de guerre, de génocides et de crimes contre l'humanité. Permettant ainsi d'apporter un soutien matériel, physique et psychologique aux victimes de ces crimes. Et donc ce fonds, sert

concrètement à l'exécution des ordonnances
de réparation rendues par la cour[7].

7 La cour pénale internationale : histoire et
rôle, publication n°2002-11-F, Bibliothèque
du parlement, Ottawa, Canada, Page 11, 2013

II- LES DOMAINES DE COMPETENCE ET LES LIMITES DE LA COUR

Connaître de la cour pénale internationale, implique non seulement de voir de sa situation sur plan théorique, mais aussi de voir sa situation sur plan pratique. Ce qui impliquera donc de voir dans cette partie, de la compétence de la CPI (A), avant de voir ses limites dans la pratique (B).

A- La compétence de la Cour pénale internationale

La compétence de la cour peut s'analyser sous trois angles, à savoir sa compétence matérielle (ratione materiae), sa compétence temporelle (ratione temporis), sa compétence territoriale (ratione loci), et sa compétence d'attribution (ratione materiae).

En ce qui concerne la compétence matérielle, c'est l'aptitude d'une juridiction pénale à connaître des infractions en fonction de leur nature (ex: contraventions, délits, crimes)[8]. Le statut de Rome de 2002 a prévu à cet effet, que la CPI ne pourrait connaître que des crimes les plus graves prévus dans le dit statut. Pour sa compétence temporelle, La Cour n'a compétence qu'à l'égard des crimes relevant de sa compétence, commis après l'entrée en vigueur du Statut. Néanmoins, si un État devient Partie au Statut après l'entrée en vigueur de celui-ci, la Cour ne peut exercer sa compétence qu'à l'égard des crimes commis

---

8 Lexiques des termes juridiques, Dalloz, 2017-2018

après l'entrée en vigueur du Statut pour cet État. Pour la compétence territoriale de la CPI, le protocole de Rome, en son article 12, a prévu que les compétences de la cour ont vocation à s'exercer vis-à-vis des Etats parties au protocole, et à leurs ressortissants. Néanmoins, un Etat non partie au protocole, peut se saisir de la cour et reconnaître sa compétence et ce par le dépôt d'une déclaration au niveau du Greffe.

La compétence d'attribution, c'est la compétence d'une juridiction en fonction de la nature des affaires. La compétence d'attribution de la CPI est largement détaillés par le protocole, ce qui mérite de consacrer une partie sur les crimes relevant de sa compétence dans le cadre de cette analyse.

1- Les crimes relevant de la compétence de la CPI

La CPI est une juridiction appelée à juger les personnes, et non les Etats. Des personnes coupables des crimes les plus graves qu'ait connue la communauté internationale. À cet effet, la cour connaît principalement de quatre types de crimes, commis à l'échelle internationale et régionale, à savoir :

- Les crimes de génocides
- Les crimes de guerre
- Les crimes contre l'humanité
- Les crimes d'agression

Les trois premiers crimes, que sont les crimes de génocide, les crimes de guerre et les crimes contre l'humanité, sont prévues respectivement par les articles 6, 7 et 8 du statut de Rome. Tandis que les crimes d'agression, n'a pas été définie par le statut de Rome de 1998. Elle a fait l'objet d'une conférence de révision qui s'est tenue en 2008 à Kampala, par laquelle un article 8 bis a été ajouté au statut de Rome.

¾ <u>Les crimes de génocide</u>

La théorie dite du « génocide » est apparue pour la première fois, après la seconde guerre mondiale, après la découverte des camps de concentration allemands, qui visaient à exterminer toute la communauté juive en Europe à cette époque. Ces usines dites de la mort en fait à peu près 4 millions de morts, entre 1941 et 1944. Le terme génocide a pris tout son sens, après les évènements de 1994 au Rwanda. L'extermination du groupe ethnique Tutsi, par l'autre groupe ethnique qui cohabitait avec celle-ci, a fait plus d'un million de mort à cette époque. Ce qui a conduit plus tard à la mise en place du tribunal pénal international (non permanent) pour le Rwanda (TPIR).

Selon la définition qu'en donne le Statut de Rome, on entend par génocide les actes qui sont commis dans l'intention de détruire, en tout ou partie, un groupe national, ethnique, racial ou religieux. À cet effet, le statut de Rome a prévu une liste limitative des faits et agissements pouvant être qualifié d'acte de génocide, et pouvant être jugé par la CPI.

Il en est ainsi entre autres :

* du meurtre de membres d'un groupe ;

- des atteintes grave à l'intégrité physique ou mentale de membres d'un groupe ;
- la soumission intentionnelle d'un groupe à des conditions d'existence devant entraîner sa destruction physique totale ou partielle ;
- des mesures visant à entraver les naissances au sein du groupe ;
- du transfert forcé d'enfants du groupe à un autre groupe.

L'exemple de la déportation des juifs en masse et leur extermination dans les divers camps de concentration, un peu partout en Europe, reflète toutes ces situations.

⏲ Les crimes contre l'humanité

Les catégories d'infractions considérées comme crimes de guerre, sont essentiellement prévues par l'article 7 du statut de Rome. A cet effet, sont considérés de crimes contre l'humanité, les actes commis dans le cadre d'une attaque généralisée ou systématique lancée contre toute population civile et en connaissance de cette attaque.

Historiquement, l'expression « crimes contre l'humanité », est apparue pour la première fois en 1915, pendant la première guerre mondiale. Le génocide des Arméniens en Turquie, a conduit la Russie, la France et la Grande-Bretagne à dénoncer les massacres comme des « crimes contre l'humanité et la civilisation » ou des « crimes de lèse-humanité ». La notion de crimes contre l'humanité trouve sa première codification lors du procès de

Nuremberg en 1945. C'est à l'issue de ce procès que les nations alliés ont jugé, les exactions commis par les Nazis, contre toute une population civile, en dehors des crimes relevant des conflits armés.

En effet, l'idée de crime contre l'humanité est formulée en réaction à des actes inhumains qui ne correspondent pas à une dérive militaire (crimes de guerre), mais qui visent la mort ou la persécution de populations civiles embarrassantes pour le pouvoir[9]. À cet effet l'article 7 du statut de Rome considère de crimes contre l'humanité les actes suivants :

---

9 Le crime contre l'humanité, une étude critique ; FLORENT BUSSY ; TEMOIGNER – ENTRE HISTOIRE ET MEMOIRE,Mars 2013, P135

- meurtre ;

- extermination ;

- réduction en esclavage ;

- déportation ou transfert forcé de population ;

- emprisonnement ;

- torture ;

- viol, esclavage sexuel, prostitution forcée, grossesse forcée, stérilisation forcée ou toute autre forme de violence sexuelle de gravité comparable ;

- persécution d'un groupe identifiable pour des motifs d'ordre politique, racial, national, ethnique, culturel, religieux ou sexiste;

- disparition forcée de personnes ;

- crime d'apartheid ;

• autres actes inhumains de caractère analogue causant intentionnellement de grandes souffrances ou des atteintes graves à l'intégrité physique ou mentale.

⊕ Les crimes de guerre

Les crimes de guerre sont essentiellement prévus par l'article 8 du Statut de Rome. On entend par « crimes de guerre » violations graves du droit international humanitaire commises à l'encontre de civils ou de combattants ennemis à l'occasion d'un conflit armé international ou interne, violations qui entraînent la responsabilité pénale individuelle de leurs auteurs.

Ces crimes découlent essentiellement des Conventions de Genève du 12 août 1949 et de leurs Protocoles additionnels I et II de 1977 et des Conventions de La Haye de 1899 et 1907[10]. De cette définition, on peut donc dire que les crimes de guerres, sont essentiellement les actes commis lors de conflits armés au niveau national ou international, relevant du Droit international de la guerre. A cet effet, l'exigence d'un conflit armé est de rigueur, pour pouvoir parler de crimes de guerre. L'autre particularité de ces crimes, est que les auteurs de ces violations encourent donc une responsabilité pénale individuelle.

On peut entre autres considérer de crimes de guerre, les actes suivants :

• le meurtre ;

---

10 Fiche d'information n°2, du Haut Commissariat des Nations Unies Pour les Droits de l'Homme

- les mutilations, les traitements cruels et la torture ;
- la prise d'otages ;
- le fait de diriger intentionnellement des attaques contre la population civile ;
- le fait de diriger intentionnellement des attaques contre des bâtiments consacrés à la religion, à l'enseignement, à l'art, à la science ou à l'action caritative, des monuments historiques ou des hôpitaux ;
- le pillage ;
- le viol, l'esclavage sexuel, la grossesse forcée ou toute autre forme de violence sexuelle ;
- le fait de procéder à la conscription ou à l'enrôlement d'enfants de moins de 15 ans dans les forces armées ou dans des groupes armés ou de les faire participer à des hostilités.

⏰ Les crimes d'agression

La notion de « crime d'agression » est apparue pour la première fois en 1945 lors du procès de Nuremberg, à l'époque les termes utilisés étaient ceux de « crimes contre la paix ». A cet effet, le Tribunal militaire international de Nuremberg a défini le crime contre la paix comme étant : « le crime international suprême, ne différant des autres crimes de guerre que du fait qu'il les contient tous »[11]. Le terme d'agression, a été consacré officiellement en 1974 par l'Assemblée générale des Nations-Unies, par sa résolution 3314 du 14 décembre 1974 (article1), par les

---

11 Procès des grands criminels de guerre devant le Tribunal militaire international, arrêt du 1 er octobre 1946, in AJII. 1947, p. 197

termes suivant : « l'emploi de la force armée par un Etat contre la souveraineté, l'intégrité territoriale ou l'indépendance politique d'un autre Etat, de toute manière incompatible avec la Charte des Nations Unies ».

Le statut de Rome l'a prévue sans vraiment le définir. C'est à l'issue de la conférence de révision du Statut de Rome à Kampala, que les Etats parties au protocole ont adopté un article 8 bis. Le crime d'agression est ainsi définit en son paragraphe 1 comme étant : « la planification, la préparation, le lancement, ou l'exécution par une personne effectivement en mesure de contrôler ou de diriger l'action politique ou militaire d'un Etat, d'un acte d'agression, qui par sa nature, sa gravité et son ampleur, constitue une violation manifeste de la Charte des Nations Unies ».

C'est ainsi que pour être considérés de crimes d'agression, les faits en question doivent présenter 3 critères :

x D'abord, il doit être le fait d'un dirigeant, c'est-à-dire d'une personne qui est en position de « contrôler ou de diriger l'action politique ou militaire d'un Etat » (art. 8 bis, § 1 CPI).

x Ensuite, un acte internationalement illicite de l'Etat doit avoir été constaté par le Conseil de sécurité des Nations Unies (art. 39 Charte des Nations Unies), c'est-à-dire un emploi illégal de la force en violation de l'article 2-4 de la Charte des Nations Unies.

x Enfin, l'article 8 bis précise que l'acte doit « par sa nature, sa gravité, et son ampleur constituer une violation manifeste de la Charte des Nations-Unies »[12].

2- <u>La compétence réelle de la Cour Pénale Internationale</u>

Connaître de la compétence réelle de la cour pénale internationale, dans le cadre de cette analyse permettrai de mettre en exergue l'efficacité réel de la cour. En effet, l'approche théorique démontre de la compétence universelle de la CPI, ce qui laisse encore à douter dans la pratique.

¾ <u>Le rayon d'action de la CPI</u>

---

12 Contribution au Forum de Bangui « Paix – Justice – Réconciliation »
Fiche technique, I N S T I T U T P A N A F R I C A I N D'A C T I ON ET DE PR O S P E C T I V E (IPAP)

Les décisions de la CPI ont certes une vocation universelle, mais étant au départ une convention passée entre un nombre restreint d'Etats, les décisions qu'elle peut prendre ne peut que concerner en premier lieu que ces seuls entités. Comme on a déjà pu le voir un peu plus haut, a Cour n'est compétente qu'à l'égard des infractions commises sur le territoire ou par un national de ces Etats (article 12 paragraphe 2). Il donc nécessaire de parler d'une compétence « *ratione gentis* »[13]. Car la compétence de la cour est limité par le fait que le Statut est une convention soumise à

---

13 La Cour pénale internationale : une Cour en liberté surveillée?; ERIC DAVID, p24   [14] Ibidem

un processus d'acceptations volontaires. Une Cour instituée conventionnellement ne peut avoir d'effet que vis-à-vis des Etats parties, et il a été convenu que cet effet consisterait à reconnaître l'aptitude de la Cour à juger des faits commis soit sur le territoire de ces Etats, soit par un de leurs nationaux.

En effet, la compétence de la Cour apparaît comme une subrogation de la compétence territoriale ou de la compétence personnelle active que pourraient exercer, ou bien l'Etat du lieu de l'infraction, ou bien l'Etat de la nationalité de son auteur. Par conséquent, si l'infraction est commise sur le territoire d'un Etat tiers par le national d'un autre Etat tiers, la Cour ne peut en connaître que si au moins un des deux Etats tiers concernés reconnaît la compétence de la Cour (article 12 paragraphe 3).

Donc dans l'hypothèse où la Cour peut connaître de l'infraction mais où son auteur se retrouve sur le territoire d'un Etat tiers, soit l'Etat tiers accepte de livrer cette personne à la Cour (article 87), soit il refuse, ce qu'il peut faire puisque la relativité des traités (Convention de Vienne sur le droit des traités, article 34) ne l'oblige pas à accepter la demande de livraison formulée par la Cour (à moins que la demande de la Cour ne soit relayée par une décision du Conseil de sécurité, Charte, article 25).

En cas de refus, la Cour ne peut juger l'auteur de l'infraction car le Statut ne prévoit pas le jugement par défaut (article 63). Ce qui démontre de la relativité de la compétence de la CPI.

¾ <u>La portée de la décision de la CPI</u>

La CPI étant une juridiction répressive, sa finalité est bien évidemment de sanctionner les actes entrants dans le cadre des infractions à caractère nationales ou internationales, prévues par le statut de Rome. À cet effet, tout comme les juridictions répressives de Droit interne, elle a vocation à prononcer des sanctions répressives à l'encontre des individus amenés devant elle.

C'est ainsi, que la cour peut prononcer contre une personne déclarée coupable d'un crime visé à l'article 5 du statut de Rome des peines d'emprisonnement à temps de 30 ans ou plus. Cette peine peut être mutée en Une peine d'emprisonnement à perpétuité, si l'extrême gravité du crime et la situation personnelle du condamné le justifient (article 71, 1-b). Dans le mode d'application des peines, la CPI s'est fortement inspiré des mécanismes de Droit interne, en appliquant ainsi le principe du cumul juridique des peines. Solution selon laquelle il ne sera appliqué au délinquant que la plus forte peine encourue, rattaché à l'infraction la plus grave, mais cette peine sera aggravée en fonction du nombre et de la gravité des autres infractions.

En effet, lorsqu'une personne est reconnue coupable de plusieurs crimes, la Cour prononce une peine pour chaque crime et une peine unique indiquant la durée totale d'emprisonnement. Cette durée ne peut être inférieure à celle de la peine individuelle la plus lourde et ne peut être supérieure à 30 ans ou à celle de la peine d'emprisonnement à perpétuité prévue à l'article 77, paragraphe 1, alinéa b).

B- <u>Les limites de la cour pénale internationale dans la pratique</u>

La CPI est la consécration d'une vision longtemps émise d'une juridiction répressive ayant une vocation internationale. L'initiative de la mise en place de cette structure juridique a été avancé depuis longtemps, par l'établissement de différentes juridictions répressives temporaires. D'abord par la mise en place du tribunal militaire international de Nuremberg en 1945, et des Tribunal pénal international pour la ex-Yougoslavie et le tribunal pénal pour le Rwand a, dans les années quatre vingt dix. Cela s'est concrétisé enfin en 2002 par l'adoption du statut de Rome, consacrant la CPI.

Cependant, la question de l'effectivité réelle de cette compétence internationale de la CPI se pose souvent. Notamment, du fait de la soumission de la CPI au bon vouloir des Etats parties au statut de Rome, dans les actions qu'elle entreprend. La limite de la CPI se trouve également dans le fait qu'elle est étroitement liée au conseil de sécurité des nations unies, ce qui peut limiter ses actions dans certains cas.

1- La dépendance de la de la Cour Pénale Internationale vis-à-vis des Etats

L'indépendance de la CPI est assez limité, si l'on analyse le fait que toutes démarches entreprises par celle-ci, dépend avant tout du bon vouloir de l'Etat concerné par l'affaire. En effet, la CPI ne peut être opérationnelle que sous réserve de la coopération de l'Etat concerné. Le statut de Rome impose à cet effet aux Etats parties, l'obligation de coopérer avec la CPI, afin que cette dernière puisse mener à bien sa mission. Comme le précise l'article 86 : « […] les États Parties coopèrent pleinement avec la Cour dans les enquêtes et poursuites qu'elle mène pour les crimes relevant de sa compétence ».

Cette obligation de coopération, s'analyse avant tout par l'adaptation de la législation interne, par rapport au statut de Rome. La loi nationale de l'Etat concerné, doit en effet permettre à la CPI d'exécuter sa mission, sans qu'il y ait aucune contradiction entre le statut de Rome et une loi de cet Etat. Ce qui permettre ainsi à la CPI, de mener librement sur le territoire de cet Etat, les enquêtes nécessaire à la procédure. La législation Étatique doit également permettre à la cour de mener des poursuites et des arrestations au sein de ce même Etat. Ce qui conduit à constater que l'exécution de la décision de la CPI peut dépendre du bon vouloir de l'Etat concerné.

La CPI est en effet dépourvue du monopole de la force pour faire exécuter par ellemême, les décisions rendues en son sein. L'inexistence d'une force de police au sein de la cour, limite son indépendance. Car pour pouvoir appréhender les auteurs d'infractions, la cour doit recourir à la de police ou à la force militaire de l'Etat concerné. Ce qui témoigne d'une dépendance de la cour vis-à-vis des Etats parties ou non au statut, dans la pratique.

2- L'influence considérable du conseil de sécurité des nations unies

La CPI étant rattaché à l'organisation des nations unies (ONU), il est assez normal que l'organisation ait une certaine influence sur la cour. Ce qui peut être contraire au principe même de l'indépendance de la justice. En effet, le statut de Rome reconnaît au conseil de sécurité de l'ONU, une procédure particulière lui permettant de saisir directement la CPI. La Cour peut être directement saisie par le Conseil de sécurité d' « une situation dans laquelle un ou plusieurs des crimes » visés au Statut ont été commis (article 13 b). Dans ce cas, il n'est nullement nécessaire que l'Etat favorise plus les cinq (5) grandes puissances, membres permanent de ce conseil. Leur permettant ainsi de protéger leur ressortissant par le mécanisme du sursis. Mais également de permettre à ces derniers de régler leurs problèmes politiques, en traduisant devant la CPI leur adversaire politique. Ce qui remet totalement en cause l'indépendance de la CPI. De plus l'influence des États-Unis sur les décisions prises par la cour semble être contradictoire avec le fait que cet Etat s'oppose dans certains point à la compétence de la CPI. En effet, la position des Américains vis-à-vis de la CPI depuis sa création en 2002 était assez stricte. Car le gouvernement américain s'est toujours vivement opposé à la CPI, et ce depuis que le président américain de l'époque, George W. BUSH s'est officiellement opposé à la reconnaissance d'une quelconque obligation, découlant des actions de la cour, ne soit à la charge des États-Unis. Conduisant ainsi en 2002 à la mise en place de l'American Service members'Protection Act (ASPA). Loi visant à protéger les membres des services américains, et limitant ainsi toute coopération des Tribunaux américains ou du gouvernement avec la CPI, sauf si la Cour a affaire à des ennemies des Etats-Unis.

Enfin, la limite de la cour se manifeste dans les situations discriminatoires relevées depuis sa création. En effet, la plupart des affaires traitées par la CPI depuis son existence, ne concernent que des pays du tiers monde, à majorité Africains. Ce qui conduit certains spécialistes de la considérer de justice pour les

pays pauvres.

CONCLUSION

Avoir fait cette analyse sur la cour pénale internationale nous a permis de mettre en exergue l'existence réelle d'une justice pénale à caractère international et même universel. Connaître de son organisation interne, nous permis de voir la similitude entre la CPI et les juridictions répressive de Droit interne. Car en effet, la CPI est un relais des juridictions de Droit interne, ne pouvant être saisie que si les voies de recours interne sont épuisées ou encore que l'infraction en question a un caractère international, mettant en jeu l'intérêt de deux ou plusieurs Etats.

La mise en place de la CPI est la consécration d'une justice internationale apte à juger les crimes les plus atroces, que la communauté a tant bien que mal essayé d'instaurer depuis toujours. Le statut de Rome n'a pas seulement institué une juridiction répressive à vocation internationale, mais il a également défini les principaux crimes ayant marqué les relations internationales antérieurement. Tels sont ainsi les cas des : crimes de génocide, crimes contre l'humanité, crimes de guerre et des crimes d'agression. À part avoir défini les différents crimes relevant de la compétence de la CPI, le statut de Rome a également fixé une sanction pénale. Ce qui est une première au niveau internationale.

Néanmoins, cette analyse a pu démontrer que la CPI est certes une Cour à vocation universelle, mais que cette Cour est cependant une juridiction en liberté surveillée. En effet, l'indépendance de la CPI est remise en question du fait de sa forte dépendance aux Etats parties au statut de Rome. Car la CPI étant une juridiction répressive, sans force répressive, elle doit recourir à la force policière de l'Etat concerné pour exécuter ses décisions. Ce qui peut la soumettre en bon vouloir de cet Etat, et de donc limiter son indépendance, et à plus forte raison, mettre en échec sa mission. Cette indépendance de la CPI est également limitée par l'influence du conseil de sécurité de l'ONU sur la cour. Car le statut de Rome permet une procédure particulière à la disposition du conseil de sécurité de recourir à ses offices, peu importe les circonstances. Il est permis aussi au conseil de sécurité de demander au niveau de la CPI un sursis à enquêter ou à poursuivre. Ce qui est fait au détriment de la plupart des Etats, et ce qui favoriserait les grandes puissances membre permanent du conseil de sécurité, qui pour la majorité remet en cause l'existence de la CPI, dès qu'il en va de leur intérêt.

BIBLIOGRAPHIE

¾ <u>OUVRAGES ET REVUES</u>

- BUSSY Florent ; Le crime contre l'humanité, une étude critique ; *TEMOIGNER – ENTRE HISTOIRE ET MEMOIRE*, Mars 2013, extrait de revue disponible sur le site Internet : libgen.io

- ERIC DAVID, *La Cour pénale internationale : une Cour en liberté surveillée?*, extrait de revue disponible sur le site Internet : libgen.io

- Fiche d'information n°2, du Haut Commissariat des Nations Unies Pour les Droits de l'Homme

- GLENNON Michael, *le crime d'agression : une définition sans rime ni raison, u ne approche américaine,* extrait de revue disponible sur le site Internet : libgen.io

- La cour pénale internationale : histoire et rôle, publication n°2002-11-F, Bibliothèque du parlement, Ottawa, Canada, 2013

- LAUCCI Cyril, *code annoté de la cour pénale internationale*, Martinus Nijhoff Publishers, 2007

- PELLET Alain, *Pour la Cour Pénale Internationale, quand même! – Quelques remarques sur sa compétence et sa saisine,* International Criminal Law Review 1: 91110, 2001

- REBUT Didier, *Droit Pénal International*, Dalloz, 2012

SOURCE TEXTUELLE

Statut de Rome, instituant la Cour pénale Internationale, entré en vigueur le 1er juillet 2002

⊘ JURISPRUDENCE

Procès des grands criminels de guerre devant le Tribunal militaire international, arrêt du 1er octobre 1946, in AJIL 1947, p.197

sous la juridiction duquel le crime a eu lieu ou l'Etat dont l'auteur présumé du crime porte la nationalité soient parties au Statut ou aient reconnu la compétence de la Cour (article 12 paragraphe 2, a contrario)[14]. Ce qui permet donc au conseil de sécurité d'outrepasser, les règles de compétence de la CPI, qui veut que pour pouvoir intervenir dans des affaires concernant un Etat non partie au statut, ce dernier doit donner son consentement. Ce qui n'est pas le cas dans les affaires introduites par le conseil de sécurité.

L'influence du conseil de sécurité se manifeste également dans le fait que le statut de Rome lui permet de demander à la CPI un sursis à enquêter et à poursuivre de douze (12)

---

14 La Cour pénale internationale : une Cour en liberté surveillée?; ERIC DAVID, p27

mois, dans certaines affaires. Comme le précise l'article 16 du statut : « Aucune enquête ni aucune poursuite ne peuvent être engagées ni menées en vertu du présent Statut pendant les douze mois qui suivent la date à laquelle le Conseil de sécurité a fait une demande en ce sens à la Cour dans une résolution adoptée en vertu du Chapitre VII de la Charte des NationsUnies ; la demande peut être renouvelée par le Conseil dans les mêmes conditions ». En effet, la demande peut être formulée d'une façon illimitée par le conseil de sécurité. Ce qui lui permet de suspendre indéfiniment l'action de la CPI dans les affaires qui concernent de près ou de loin ses membres.

En effet, reconnaître un pouvoir exorbitant au conseil de sécurité au niveau de la CPI,